LA
DÉMOCRATIE POLONAISE

A

L'EUROPE.

Paris,

IMPRIMERIE DE L. MARTINET,

RUE JACOB, 30.

1847.

LA
DÉMOCRATIE POLONAISE
A
L'EUROPE.

1847

LA
DÉMOCRATIE POLONAISE

A

L'EUROPE.

———

Si, en présence de la suppression de la République de Cracovie, la Société démocratique polonaise, véritable organe des vœux, des idées et des besoins actuels de la Pologne, prend encore la parole, c'est qu'elle croit devoir à l'Europe une appréciation franche, consciencieuse et solennelle, de l'acte accompli par les trois puissances du Nord, de la situation toute particulière dans laquelle il place l'Europe, et enfin des droits de la Pologne à son ancienne indépendance.

Envisagé en lui-même, c'est-à-dire au point de vue de la morale et de la justice éternelle, l'acte commis par les trois puissances est aussi odieux que lâche. C'est le meurtre du plus faible par le plus fort; c'est en outre la spoliation de la victime par son assassin.

Dans une société civile bien organisée, un pareil crime est prévu et puni selon toute la rigueur de la loi. Le Code criminel international n'existe pas encore, mais le droit et la conscience publique, sur lesquels repose la sécurité des nations, peuvent-ils être moins sévères pour un crime de lèse-nationalité que ne l'est la loi civile pour un attentat commis sur un simple individu? S'emparer d'une ville, d'une province, d'un État; confisquer à son profit toute une population qui, sur la foi des conventions considérées par les gouvernements de l'Europe, comme les plus sacrées et les plus solennelles, devait rester *libre et indépendante*, n'est-ce point un brigandage plus inique et plus révoltant qu'un vol à main armée sur une route publique? Rayer de la carte, d'un seul trait de plume, et par sa propre volonté, un État dont l'existence était assurée par l'Europe entière, n'est-ce point une rébellion de trois contre tous? N'est-ce point un acte de révolte contre l'ordre politique et social établi par l'accord des gouvernements? N'est-ce point un défi jeté à la patience et au bon sens des nations par l'orgueil et l'aveuglement des rois? N'est-ce point, enfin, l'exemple le plus frappant de cet esprit d'anarchie dont les gouvernements absolus accusent les peuples de l'Europe?

Et cependant, quelle que soit l'énormité de ce crime, pour nous Polonais, il n'a rien d'étonnant. Il est la conséquence du crime plus grand encore commis sur notre patrie tout entière il y a soixante-quatorze ans.

La Pologne chevaleresque, agricole et hospitalière se trouvait alors dans un de ces moments de crise où les nations, affaiblies par des luttes longues et terribles, cherchent de nouvelles forces dans la régénération. Son esprit noble et franc, sa loyauté toute militaire, se confiaient en son héroïsme éprouvé avec tant de gloire. Elle connaissait sa mission civilisatrice dont elle remplissait fidèlement les devoirs. Aussi, en regardant autour d'elle, elle se crut en sûreté, ne voyant rien qui pût la surpasser et même l'égaler, soit par la vaillance dans les combats, soit par la supériorité des idées et des institutions. Mais elle ne découvrit point cet esprit subtil et rusé, cette astuce et cette rapacité de ses voisins, qui épiaient depuis longtemps le moment favorable pour la frapper de mort, et pour planter sur son tombeau le drapeau de leur domination.

Ce ne fut donc ni par les armes ni par la puissance des idées, que la Pologne fut vaincue, mais bien par l'audace de ces brigands qui, à l'ombre de la nuit, méditent l'assassinat de passants.

Depuis cette époque, la Pologne a été déchirée et ensanglantée bien des fois ; elle a souffert tout ce qu'un peuple martyr peut souffrir ; tous les crimes que l'enfer seul peut inventer ont été commis sur elle et ses enfants. Celui dont Cracovie est aujourd'hui la victime, n'est donc pour elle que la conséquence de cette lutte acharnée qu'elle soutient contre la barbarie ou l'absolutisme des trois puissances du Nord, lutte à laquelle l'Europe officielle est restée jusqu'à ce moment impassible ou indifférente.

La suppression de Cracovie peut cependant avoir des conséquences bien graves pour l'Europe. Elle fait tomber toutes les illusions, tous les prétextes du prétendu droit européen. L'absolutisme, longtemps contenu dans son ambition, se montre de nouveau avec son esprit d'envahissement et d'esclavage. Il veut être libre dans ses actions, il veut se dégager de tous les liens, quelque faibles qu'ils soient, qui entravaient sa politique de destruction. Voyez comme il parle maintenant, avec quel dédain il s'adresse à une des plus grandes nations de l'Europe. « Du reste,. » dit le gouvernement autrichien, nous attacherons » d'autant moins d'importance à ces mots répétés si » souvent maintenant : « Les Français ne se regar-» deront plus comme liés par les traités, » que cela » ne change absolument rien à la chose, car ce ne » sont ni les conventions de Paris ou de Vienne, ni » le respect dû à la foi des traités qui ont imposé aux » Français quelques réserves : s'ils s'étaient senti » assez de force pour les briser, ils l'auraient déjà » fait il y a longtemps, et nous ne les en aurions pas » blâmés. *Mais ce sont précisément des questions de* » *guerre.* »

L'Autriche n'aurait pas tenu ce langage il y a 40 ans, sans voir le drapeau tricolore flotter, à l'heure qu'il est, sur la route d'Austerlitz !

Aujourd'hui, l'absolutisme des trois puissances du Nord se croit tout permis. Trente ans ont passé depuis que, vainqueur du libéralisme européen, il dicta au congrès de Vienne la loi aux nations vaincues. Il n'osa pas alors profiter complétement de sa victoire ; les sentiments de liberté et de gloire étaient trop puissants dans les cœurs des nations, pour qu'il pût les braver impunément. Il n'en est pas ainsi aujourd'hui. L'absolutisme moscovite, après avoir attaché à son char la Prusse et l'Autriche par la solidarité du crime commis sur la Pologne, se sent assez d'audace pour lever, sur l'Europe timide et patiente, son glaive ensanglanté. Il foule aux pieds les nationalités, il brise arbitrairement l'existence des États, il déchire les traités et les engagements par lui contractés. Il écrase les faibles et insulte aux puissants (1).

(1) Tout le monde sait que le traité des 21 avril et 3 mai 1815, relatif à Cracovie, conclu entre la Russie, l'Autriche et la Prusse, a été inséré dans l'acte final du 9 juin de la même année; on sait que cet acte a été signé, non seulement par l'Autriche, la Russie, et la Prusse, mais aussi par la France, l'Angleterre, le Portugal et la Suède; on sait que la réciprocité *des droits et des obligations*, dont il est question dans cet acte, s'étend aussi bien à l'article 6 du traité du 3 mai: « La ville de Cracovie, » avec son territoire, est déclarée *à perpétuité cité libre, in-* » *dépendante et strictement neutre*, » qu'à toutes les autres clauses et dispositions. L'Autriche elle-même pensait autrefois ainsi. Dans une dépêche adressée le 7 février 1818, au ministre plénipotentiaire d'Autriche en Suisse, le prince de Metternich écrivait, en parlant de l'acte final du Congrès de Vienne, ces lignes: « Lesdites puissances (toutes les puissances) jugèrent en » outre opportun d'insérer dans ce document les différents traités, » conventions et actes publics, conclus *particulièrement entre les* » *divers états*, afin d'en former un tout. *C'est ainsi qu'eut son* » *origine l'acte final du Congrès de Vienne, incontestablement* » *la loi fondamentale du système politique actuel de l'Europe,* » puisqu'il a été sanctionné par l'adhésion de tous les états dont » se compose ce système; *c'est pourquoi les dispositions et prin-* » *cipes qui sont consignés dans l'acte, soit qu'ils regardent direc-* » *tement ou indirectement l'un ou l'autre état européen, sont* » *devenus obligatoires pour tous.* »
Eh bien, que disent aujourd'hui les trois puissances du Nord? « La création de Cracovie comme ville libre, neutre et indépen- » dante, n'a été que l'œuvre de la Russie, de l'Autriche et de la

Or, il suffit d'indiquer cette situation pour comprendre ce qu'elle a de grave et de menaçant pour l'Europe officielle, pour l'Europe des gouvernements.

La suppression de Cracovie n'est, tout l'indique, qu'un premier essai de ce vaste remaniement que les trois puissances du Nord voudraient appliquer au système de l'équilibre européen. Les projets du partage de la Turquie élaboré par des agents russes circulent dans le monde diplomatique, et trouvent un accueil empressé dans des journaux d'Allemagne qu'inspire le cabinet de Saint-Pétersbourg. La Saxe, dont l'existence a paru si problématique au congrès de Vienne, tourne un regard inquiet vers Berlin. La Suisse est plus que jamais menacée par l'Autriche.

Ce n'est là pourtant qu'une partie des projets de l'absolutisme des trois puissances du Nord. D'autres intérêts plus graves et plus chers encore à l'Europe sont en danger : sa liberté, sa conscience et sa civilisation sont maintenant à la merci de l'absolutisme moscovite, soutenu par la faiblesse, par l'avidité et par les penchants naturels de la Prusse et de l'Autriche. La domination de la Russie n'a pas cessé un

» Prusse. L'Angleterre et la France n'avaient pas été parties con-
» tractantes dans les conventions arrêtées à ce sujet, entre les trois
» susdites puissances ; elles ne le sont pas devenues pour avoir
» signé l'acte final du Congrès de Vienne, pas plus que tous les
» autres signataires, excepté les trois puissances. »

Comparez maintenant, et voyez si, de la part des trois puissances du Nord, il se peut concevoir de plus outrageant mépris pour la bonne foi et pour la raison. Avec une pareille argumentation, quelle sécurité y a-t-il pour les États dont l'existence repose sur les traités ?

seul instant de grandir et de se consolider : elle pèse sur la Turquie ; elle convoite les possessions anglaises dans les Indes ; elle enclave par les bouches du Danube l'Autriche ; elle pénètre en Prusse, menace l'Allemagne centrale. L'Autriche, débile et chancelante, cherche à raffermir sa domination en consolidant partout le despotisme ; elle démoralise le peuple de la Gallicie, et fait massacrer les patriotes désarmés ; elle veut tuer la liberté en Suisse, en Italie, en Hongrie, et partout où son influence peut l'atteindre. La Prusse repousse les idées libérales dont elle est assiégée ; depuis plus de trente ans elle berce la patience de ses sujets par l'espoir d'une constitution que ses idées et ses tendances secrètes éloignent toujours ; modérée dans sa politique intérieure, elle caresse les monarchies constitutionnelles en fraternisant avec le despotisme moscovite et autrichien.

Que l'Europe médite sur cet état de choses !

Par la suppression de Cracovie, les trois puissances du Nord ont mis leur politique à découvert. Que laisse-t-elle d'assuré à l'Europe ? Il y avait un certain droit public, elles l'ont détruit ; il y avait des garanties pour quelques États, elles les ont fait disparaître. Désormais il n'y a donc plus rien de certain en Europe, plus de frein pour les forts, plus de garanties pour les faibles, plus de sécurité pour personne. Tout est anarchie, tout est révolution, tout est guerre.

Que l'Europe médite sur cet état de choses !

Quant à nous, ce qu'il nous importe de constater,

c'est que l'acte violent des trois puissances du Nord enlève la sanction légale donnée par le congrès de Vienne aux partages de la Pologne ; c'est qu'il nous affranchit complétement de ce joug devant l'Europe officielle même ; c'est qu'il force non seulement les peuples, mais aussi tous les gouvernements étrangers à cette iniquité de reconnaître le droit sacré que nous portons en nous, et que nous sommes prêts encore à sceller de notre sang, le droit de rétablir la Pologne entière, libre et indépendante.

Ce qu'il nous importe de constater encore, c'est que cet acte peut hâter l'affranchissement d'une centaine de millions d'hommes qui gémissent sous le joug de l'absolutisme et de l'arbitraire, parce qu'il leur indique les devoirs dont l'accomplissement placera la famille européenne dans des conditions dictées par la justice, et conformes aux besoins et aux destinées de chaque peuple. Tout sentiment d'honneur national et de liberté individuelle n'est pas éteint parmi les populations slaves et allemandes. Il germe en Russie, il existe dans les possessions autrichiennes, il se fait jour en Prusse, il domine dans tous les États de la confédération germanique et en Italie. Eh bien ! la spoliation de Cracovie est un nouvel appel, l'appel le plus direct et le plus puissant que les trois gouvernements aient pu faire à ce sentiment. Les peuples qui relèvent de la Russie, de l'Autriche et de la Prusse, ou sur lesquels ces puissances exercent une influence quelconque, sont avertis qu'ils doivent se mettre sur leur garde ; car la même volonté qui a frappé Cracovie dans son indépendance peut les atteindre au premier moment. Entre eux et cette volonté il n'existe plus nulle barrière. Les traités sont brisés ; la foi des engagements publics, violée si audacieusement une fois, peut l'être derechef à chaque instant. S'il reste quelque garantie aux sujets de la Russie, de l'Autriche et de la Prusse, seront-elles plus sacrées aux yeux de leurs gouvernements respectifs, que ne l'a été l'indépendance de toute une ville, de tout un État ? Les bourgeois et les paysans, pressurés par ces gouvernements, n'auront-ils pas à craindre que la même pensée de domination absolue, égoïste, absorbante, ne rive davantage leurs chaînes ? Le devoir de se révolter contre l'oppression et l'arbitraire ne leur apparaîtra-t-il pas plus naturel maintenant ? Se croiront-ils tenus de respecter encore les lois tyranniques qui leur ont été imposées, alors que leurs chefs violent les traités faits et acceptés par eux librement ? Oui, en foulant aux pieds ce qui devait rester pour eux sacré et inviolable, les gouvernements, qui se disent conservateurs, ont proclamé eux-mêmes, justifié et sanctifié la révolution ; ils ont imposé aux peuples le devoir de se méfier de leur foi ; ils les ont déliés de leur serment d'obéissance et de fidélité.

Cette liberté d'action, rendue ainsi aux peuples opprimés, donne une nouvelle sanction à ce que 22 millions de Polonais regardèrent toujours comme leur droit et comme leur devoir. La lutte qui dure depuis bientôt un siècle, lutte sublime dans son but, puissante et intarissable dans ses moyens, va donc se rallumer avec une nouvelle énergie. Cracovie continuera d'en être le foyer autant qu'auparavant, autant que Varsovie, que Vilna, que Posen ou Léopol, et que le dernier bourg de la Pologne; car partout où il existe des Polonais, il existe un seul vœu, un seul désir, un seul serment, celui de briser le joug qui pèse sur la patrie, et de lui rendre sa grandeur et son ancienne indépendance.

Mais l'Europe aussi a un intérêt immense dans le rétablissement de la Pologne. La Pologne, après avoir, il y a dix siècles, réuni différentes peuplades rapprochées par l'identité d'origine, de besoins, de langue et de mœurs, conserva et développa seule le germe démocratique des Slaves, que le despotisme étranger avait étouffé et anéanti dans les autres rejetons de cette race. Elle seule protégea la civilisation européenne et repoussa loin d'elle les hordes de Tartares, de Turcs et de Moscovites qui tentaient de pénétrer dans son sein; et lorsque d'une part, la pensée humaine, émancipée dans l'Occident, déclara la guerre aux vieilles idées, tandis que d'autre part surgissait dans le Nord une nouvelle puissance absolutiste qui s'armait contre cette émancipation, la Pologne, antique représentant des idées démocratiques, postée à l'avant-garde de la civilisation européenne, toujours fidèle à sa mission, entra la première dans la lutte et y succomba.

Elle succomba! et la famille de 60 millions de Slaves perdit son unique représentant, les peuples leur plus ferme allié; et, sur son tombeau, l'absolutisme cimenta un pacte impie, fortifia sa puissance.

La chute de la Pologne a mis l'Europe centrale et celle de l'ouest à découvert. L'absolutisme, après avoir vu le drapeau de l'ère nouvelle proclamée par la révolution française flotter sur les murs de Vienne, de Berlin et du Kremlin, triompha de nouveau; les Cosaques campèrent dans les rues de Paris. Et tandis que le congrès de Vienne pondérait les prétentions des uns et les intérêts des autres, le héros de la victoire, de vingt-cinq années de lutte, lançait du haut de son rocher cette grande prophétie : « Dans cin» quante ans, l'Europe sera républicaine ou cosaque. » La Pologne, c'est la clef de voûte. »

Que fit alors l'Europe? Elle abandonna de nouveau la Pologne aux trois représentants du pouvoir absolu; elle leur confia la clef de voûte, la garde de l'édifice contre lequel se brisaient toutes les attaques de ses ennemis; elle déposa entre les mains de l'absolutisme les garanties de la liberté européenne.

Trente ans se sont écoulés depuis, et l'œuvre qui devait durer des siècles croule de toutes parts. La Pologne, telle même que le congrès de Vienne l'a créée, n'existe plus. La Russie, que l'on craignait alors sur la Vistule, est à la porte de l'Allemagne; l'absolutisme gagne du terrain, se fortifie et devient audacieux. L'équilibre européen du congrès de Vienne même a disparu; l'Europe est menacée directement par la Russie, que la Prusse et l'Autriche, loin de retenir, poussent et encouragent dans ses desseins.

Eh bien! nous, Polonais, organe de la politique que notre patrie a suivie dans tous les temps, de cette politique de sacrifice, de sympathie, de dévouement pour la civilisation, pour la liberté de l'Europe, nous proclamons de nouveau à la face du monde, avec tous les hommes de cœur et de conscience, avec tous les hommes d'État qui ne se bornent pas à diriger le présent, mais qui songent à l'avenir : sans le rétablissement de la Pologne, l'invasion du Midi de l'Europe par le Nord est un fait plus ou moins éloigné, mais inévitable. La Pologne libre, indépendante, et *tout entière*, voilà la barrière seule capable d'arrêter ce torrent.

La Pologne fait son devoir. La confédération de Bar, Kosciuszko, 1809, 1812, 1830 et 1846 attestent que son génie est toujours vivant, et qu'elle n'abdique point la grande mission que la Providence lui a confiée. Enchaînée, déchirée et ensanglantée par ses oppresseurs, elle supporte le martyre avec courage et avec espoir. Étouffée par l'absolutisme inquiet et barbare, elle étudie son passé; elle se ranime par sa gloire, par son dévouement à la patrie, à la religion, à la liberté! C'est surtout depuis 1830 que la Pologne a fait un progrès immense dans sa régénération morale; ses forces ont doublé; les persécutions politiques et religieuses, loin d'affaiblir ses résolutions et de lasser sa persévérance, les ont, au contraire, fortifiées. Jusqu'en 1830, tout se centralisait dans l'armée et dans la noblesse; aujourd'hui la bourgeoisie, les paysans, la masse de la population est prête pour la lutte. Les idées de liberté et d'émancipation se propagent de château en château, de maison en maison, de chaumière en chaumière. L'absolutisme aura beau aveugler, tromper le peuple momentanément, le génie de la liberté et de la nationalité polonaise sera plus puissant que ses sicaires et que son or.

La Pologne souffre, croit, agit et concentre ses forces pour confier encore à l'héroïsme de ses enfants, le salut de ses destinées. La Pologne fera son devoir.

Mais l'Europe fait-elle le sien ? Les protestations qu'elle publie, les sympathies qu'elle montre, sont-elles dignes de sa grandeur, sont-elles suffisantes pour prévenir le danger qui la menace ? Les nations, aujourd'hui tranquilles et fortes, ont-elles fait assez pour éteindre le feu mis à la maison de leur sœur, et qui, tôt ou tard, s'il n'est étouffé, consumerait la leur ? L'Europe se croira-t-elle encore liée et empêchée par quelque engagement public, par quelques traités solennels ? Avons-nous besoin de lui indiquer les moyens et le jour d'action ?

Que l'Europe médite sur cet état de choses ! La Pologne fera son devoir.

Le 8 janvier 1847.

Au nom de la Société démocratique polonaise (1515 membres),

Le Comité central,

WYSOCKI (Joseph),
HELTMAN (Victor),
ZIENKOWICZ (Léon),
DARASZ (Albert),
MAZURKIEWICZ (Vincent).

Paris. — Imprimerie de L. MARTINET, rue Jacob, 30.